Ramona Roßbach

Sternenhimmel

in dir

Gedichte vom Großen und Kleinen

Bibliographische Information der Deutschen Nationalbibliothek:
Die Deutsche Nationalbibliothek verzeichnet diese Publikation in
der Deutschen Nationalbibliographie; detaillierte bibliographische
Daten sind im Internet über http://dnb.dnb.de abrufbar.

© 2020 Ramona Roßbach
Herstellung und Verlag:
BoD – Books on Demand, Norderstedt

ISBN: 978-3-751-95527-0

Inhalt

Von Ewigkeit und Augenblick

Ergriffen

Geh langsam,
damit deine Seele hört,
wie lieblich
das Unverfügbare klingt
in dir und in Weiten.

Geh langsam
und spür es,
das Eine,
unendlich' Geheimnis,

geflossen
in tausende Formen
Musik und Gebete
und Architektur,

unendlich entfaltet,
ein Hauch nur im Wind
vom Einen, von Allem,
das niemals zu greifen
ganz tief in uns singt.

Vermutung

Was ist die Zeit?
Ein Wimpernschlag der Ewigkeit,
darin sich weit entfaltend.

Mensch im Alltag

Mein Verstand bewacht die Ampel
und Seele riecht Magnolienduft.

Verewigt

Von den schönsten Momenten gibt es kein Foto,
denn sie geschehen jenseits
der Technik und Dokumentation.
Im Herzen darfst du sie tragen
und ihre Früchte leben in jedem Augenblick.

Sekunden fangen

Sekunden fangen
sie ausweiten
zu Ewigkeit
voll Glücksmoment

Eindrücke und Ausblicke

Mohnrot

lichtdurchflutete Blütenkelche
Mohnrot auf Grün
auf goldenen Feldern
auch welche
die gleichen
aus meiner Kindheit und meinen Träumen
auf Wiesen
auf Deichen
still wachsend vor Bäumen
auf Bildern von Malern
aus früheren Zeiten
die gleichen
seelenvertrauten
rot lodernden Kelche
den Augenblick preisend
im Herzen
auch welche

So viel

In jedem Apfel:
die Pause einer glücklichen Wanderung.
Und in deinem Blick:
die Weite eines ganzen Lebens.

Seegeflüster

Der See spricht
von der Freiheit des anderen Ufers
und der Weite des Augenblicks.

Der See redet
vom Kommen und Gehen
und ewigem Vor und Zurück.

Der See murmelt
von der Tiefe der Seele,
von Atmen und Sein und von Glück.

Sommerspiegelungen

Baum
spielend mit Licht
in allen Farben Grün

Licht spiegelnd sich
im Baum
und Baum im Weiher

Weiher spiegelnd
Grün und Gelb
und Baum und Licht

fliehend spielend
Weisheit spiegelnd
fließend

leicht seiend
spiegelnd spielend
Baum, Licht, mich

Sonnenweg

Zeitvergessen,
raumvergessen
lauf ich vor mich hin.
Weg voll Sonne.
Selbstvergessen
spür ich, dass ich bin.

Die Welt in einem Augenblick,
die Ewigkeit in mir.
Weg voll Sonne.
Traumvergessen,
endlos jetzt und hier.

Sonnenspielend

Meine Seele will spielen im Sonnenlicht
und Tautropfen fangen
und springen und tanzen,
im Vogelflug gleiten
und Teil sein vom Ganzen.
Da lass ich sie spielen
und lauf hinterdrein,
um schließlich und glücklich
ganz bei mir zu sein.

Ausblick

Blau-grün liegt Welt
im Wolkental
und überm Tor
glühn pink die Rosen,
als ob es nie was andres gab.

Impression

Lila Wolkenpanorama
spiegelt blaue Abendblumen
und meiner Seele Widerhall.

Herbstwunder

Herbstwunder
liegen oft zwischen den Zeilen
mitten am Wegesrand.

Abendleuchten

Pinkglutrot
hereinbrechend
am neuen Himmel
Wirklichkeit
herausbrechend
aus Alltags Abend
und tiefer Seele
Weiten

Abendstunde

Der Tag ist untergegangen
und das Abendblau
durchbricht den Himmel.
Davor die Welt als Schattenriss.
Ein Zweig,
ein Blatt
und tausend Träume Wirklichkeit.

Spazierweg

Aschfahl golden glüht das Feld
in Winters Sonne, frühlingsmild.
Und meine Füße gehn auf Wegen,
die Pfade meiner Seele sind.

Eindrucksvoll

Eindrücke,
zu sortieren
in ruhiger Stunde
Träume.
Augenblick,
zu leben
jetzt.

Von Tanz und Klang und Seelenleuchten

Der letzte Tanz

Du hast des Abends letzten Tanz
mit vollem Herzen zelebriert,
bist so erfüllt, du selbst und ganz
und deine Seele jubiliert
vom letzten Tanz.

Hast Harmonie voll Kraft gespürt
und hast die Ewigkeit berührt,
hast dich vergessen in Musik
und neu gefunden wie ein Glück.

Du weißt nicht, wann der nächste Tanz
dich ähnlich tief zu dir entführt.
So bleib im Innersten berührt,
wo deine Seele jubiliert,
erfüllt und ganz,
von diesem besten letzten Tanz!

Tanz mit dem Tag

Tanz mit dem Tag
und träum mit der Nacht
ganz neue Bilder deiner Seele.

Tanz mit dem Tag
und lausche der Nacht
und allem, was dir sie erzähle.

Nachtglanz

Dunkle Nacht scheint bald wieder,
dunkle Nacht kennt die Lieder,
die still am Seelengrund glühn.

Dunkle Nacht lässt entfalten,
dunkle Nacht will gestalten,
dunkle Nacht strahlt im Licht wunderschön.

Dunkle Nacht

Dunkle Nacht
kennt die Lieder,
die sonst keiner mehr singt.
Dunkle Nacht
kehrt bald wieder,
näher mich zu mir bringt.

Dunkle Nacht
sieht in allem
hoffnungsschimmernden Stern.
Dunkle Nacht
treu begleitet
hin zum Morgen, noch fern.

Heilig

Das Heilige kommt auf leisen Sohlen
und steht dann plötzlich unverhohlen
ganz friedvoll leuchtend einfach da,
wo vorher bloßer Alltag war.

Da

Ganz da ist sie,
meine Seele,
im Klang, der den Raum durchdringt,
im Wind, der die Bäume streift,
im Hier und Jetzt
und in allen Farben,
die in mir zu fließen beginnen.

Zuspruch

Sorge heute gut für dich,
dann bleibe ich, dein Glück.
Sorge gut für dich und mich,
ich komm stets gern zurück.

Beginn den Tag mit gutem Morgen
und lass entfliehn die gestrig' Sorgen!
Dein Frühstück sei ein Königsmahl,
so schön wie anno dazumal,
vielleicht auch neu, mit Fantasie.
Was dir noch einfällt, weiß man nie…
Dann an die Arbeit, motiviert,
damit man nicht viel Zeit verliert,
für das, was später wichtig ist,
wenn wieder du ganz bei dir bist!

So sorge heute gut für dich
und auch für mich, dein Glück.
Was du uns gönnst, das schätze ich
und komm stets gern zurück.

Zerbrechlich ganz

<u>aufgehoben</u>

verloren
der Tropfen
auf dem trockenen Stein

verdunstend
zu Nebel
verschwindend so klein

und Meere
erfüllend
mit ureignem Sein

Integrität

Die zerbrechliche Schönheit des Augenblicks
trägt in sich
der Traurigkeit düstere Gänge
und kristallene Klarheit der Apfelblüte,
ein Ahnen unendlicher Tiefe
in der Gunst ewig neuen Morgens.

Seelentränen

Trage die Tränen deiner Seele
nicht wie einen grauen Schleier,
der dir deinen Alltag lähmt,
sondern als kostbares Geschenk
aus zartem, transzendentem Licht,
das dein Herz dir weitet.

<u>Liebe</u>

bedingungslos
da sein
heute und morgen und immer

bedingungslos
mitgehen
wohin der Weg auch führen mag

bedingungslos
loslassen
wenn der Andere allein gehen will

und bedingungslos
von Neuem
da sein

<u>Schöpfen</u>

Mit der Schale meiner Hände
schöpfe ich
von dem unerschöpflich' Licht
tausend Teile Wellen,
greifbar, fassbar nicht.

Mit der Schale meiner Seele
schöpfe ich
aus dem unsagbaren Namenlosen,
täglich schöpfend
unerschöpflich
Welten, Sandkorn
und auch mich.

<u>unterwegs</u>

absichtslos
zu den Sternen aufsehen
am Himmel in mir

jenseits
von gestern und morgen
gedankenverloren
die Wirklichkeit ahnen
im Augenblick Warten

und leise
und schweigend
das Geheimnis umschleichen